Bouge tes neurones !

LA COMMUNICATION

Jeux et Activités

De Jenny Jacoby

Consultante en sciences de l'éducation : Dr Sue Dale Tunnicliffe

Maquette et illustrations par Vicky Barker

rue des enfants

Publié pour la première fois
au Royaume-Uni en 2020 par b small publishing ltd
dans la collection STEM STARTERS for kids.

www.bsmall.co.uk

Production par Madeleine Ehm
Illustrations et direction artistique par Vicky Barker
Consultant scientifique : Dr. Sue Dale Tunnicliffe

15, boulevard Bourdon – 75004 Paris

Imprimé en Pologne
Dépôt légal : août 2022
Loi n° 49-956 du 16 juillet 1949 sur les publications destinées
à la jeunesse modifiée par la loi n° 2011-525 du 17 mai 2011

Traduction
par Félix Cornec.

ISBN
978-2-351814-16-1

QU'EST-CE QUE LA COMMUNICATION ?

La communication fait partie de notre quotidien. Quand tu as une super idée, il faut être capable de la communiquer aux autres. Il y a plein de manières de communiquer, et de s'améliorer dans ce domaine – en choisissant les bons mots, en organisant tes idées, en interprétant correctement les informations qu'on te donne, voire en trouvant de nouvelles technologies qui améliorent la communication.

QUE FAUT-IL ÉTUDIER POUR MIEUX COMMUNIQUER ?

Le développement des moyens de communication fait souvent appel à un ensemble de disciplines comprenant les sciences, la technologie, l'ingénierie et les mathématiques. Ces quatre matières sont intimement liées et c'est en les associant que l'on parvient à améliorer nos outils de communication. En contrepartie, une bonne communication est essentielle pour mener à bien des recherches, exprimer ses idées et travailler en équipe.

OBSERVER ET DÉCRIRE

Bien observer est la première chose à faire quand tu veux communiquer. Ça mobilise tous tes sens. Il ne suffit pas de regarder, il faut aussi écouter, voire toucher, sentir ou même goûter !

Après avoir observé, tu peux commencer à décrire. Certaines choses sont faciles à décrire car elles ont des caractéristiques bien définies. Dans d'autres cas, il se peut que la perception varie d'une personne à l'autre, ce qui rend la description plus complexe. Ce qu'il faut, c'est prendre tout le temps nécessaire pour observer, puis trouver le meilleur moyen possible de décrire.

Entraîne-toi à observer et décrire en associant trois adjectifs à chacun de ces objets. Pour t'aider, pense à la texture, la température, la taille, la couleur de l'objet plutôt qu'à tes impressions. Il n'y a pas vraiment de bonnes réponses, mais il y en a des mauvaises !

Voici quelques exemples de descriptions :

Doux

Rectangulaire

À pois

Jeune

Grand

Froid

Pointu

Dur

Vieux

Chaud

Marron

Petit

À quatre pattes

MIEUX DÉCRIRE

Mieux tu décris ton idée, plus les autres pourront la comprendre. Bien décrire revient à donner toutes les informations utiles, sans oublier d'éléments importants, ni ajouter d'informations superflues.

Compare ces deux conversations :

Dessine un glup ! Mais qu'est-ce qu'un glup ?
Ce jeu prouve à quel point une bonne description peut faire la différence.

Dans chaque carré, ne dessine que les informations que la description te donne. Quand tu as fini les quatre, compare-les ! Est-ce que tous les glups se ressemblent ?

Un glup est vert et il porte un chapeau.

Un glup a trois bras et deux jambes.

Un glup est toujours en train de sourire.

Un glup est vert. Il a trois bras et deux jambes, porte un chapeau et sourit tout le temps.

LIRE ET COMPRENDRE

Lorsque tu lis attentivement, tu es un peu comme un détective à la recherche d'indices. La réponse aux énigmes ne t'est peut-être pas servie sur un plateau, mais, en lisant attentivement, tu peux trouver des indices pour résoudre les mystères.

L'AFFAIRE DE LA TARTE DISPARUE

Lis attentivement les témoignages de ces trois personnages et essaye de deviner ce qui est arrivé à cette tarte aux pommes.

La réponse est à la page 30 !

J'ai sorti la tarte du four à 11 h 30 et je l'ai posée sur le rebord de la fenêtre pour qu'elle refroidisse. Puis mon téléphone a sonné et j'ai discuté avec mon cousin pendant 10 minutes. Quand je suis revenu dans la cuisine, la tarte avait disparu !

À 11 h 30, j'étais en train de jouer au football dans le parc quand le ballon est passé à travers la fenêtre ouverte de la boulangerie. Je me suis empressée d'aller le chercher, je me suis penchée par la fenêtre et j'ai réussi à récupérer le ballon sur le plan de travail juste en dessous. Je n'ai pas vu la moindre tarte !

J'ai été tiré de ma sieste matinale par la plus délicieuse des odeurs. Quand mon maître est allé décrocher le téléphone, je me suis glissé dans la cuisine. L'odeur m'indiquait la fenêtre ouverte. Je m'apprêtais à sauter sur le plan de travail quand, oh ! J'ai été éclaboussé ! J'ai ensuite vu une fille se pencher pour récupérer son ballon. C'est alors que j'ai remarqué que l'odeur réconfortante avait disparu. Puis mon maître est revenu et m'a ordonné de sortir !

ÊTRE CONVAINCANT À L'ÉCRIT

Il est important d'être clair à l'écrit, mais réussir à convaincre ton lecteur de l'intérêt de ton sujet demande encore plus d'application. Pour être convaincant à l'écrit, on peut utiliser des adjectifs frappants et des verbes forts, exposer des arguments qui s'appuient sur des faits concrets, poser des questions au lecteur et terminer par une conclusion convaincante.

1
Fascinante
Étonnante
Géniale

2
Inattendue
Incroyable
Formidable

3
Brillante
Intelligente
Ingénieuse

4
Préoccupantes
Inquiétantes
Importantes

5
Minuscules
Toutes petites
Microscopiques

6
Étonnement
Malheureusement
Malgré ce que l'on croit

7
Inimaginables
Affreux
Atroces

8
Capital
Essentiel
Nécessaire

9
Alarmante
Grandissante
Inquiétante

10
Précieuse
Irremplaçable
Admirable

Rends cette affiche plus convaincante ! Remplis chaque trou avec un des mots de la bulle correspondante. (Il est possible que tu doives inverser la place du nom et de l'adjectif selon ton choix)

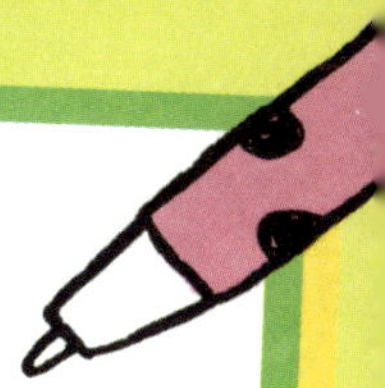

Découverte ______________ 1 !

La découverte ______________ 2 d'une étudiante ______________ 3 pourrait bien sauver le monde des menaces les plus ______________ 4

Elle a fait la découverte de bactéries ______________ 5 qui « mangent » le plastique. ______________ 6, le temps de décomposition du plastique peut aller jusqu'à plusieurs centaines d'années. Les dégâts sur l'environnement sont ______________ 7.

En sachant que seulement 10 % de notre plastique est recyclé, il est ______________ 8 de trouver des solutions pour réduire la pollution plastique. Les bactéries mangeuses de plastique pourraient sauver le monde !

Comment penses-tu que nous devrions gérer l'accumulation ______________ 9 de plastique issu des bouteilles, des vêtements, et des emballages de nourriture qui polluent notre ______________ planète ?

EXPRESSION ÉCRITE ET IMAGINATION

Les livres et les films de science-fiction racontent des histoires qui partent de faits scientifiques pour ensuite imaginer un monde qui utiliserait des technologies futuristes.

Même si tout ça n'est encore que de la fiction, ces mondes imaginés pourraient bien devenir réalité dans un futur plus ou moins proche ! Si ça se trouve, les scientifiques tirent leurs plus grandes idées des livres de science-fiction, ou peut-être que les écrivains et les scientifiques ont simplement les mêmes idées.

Il y a plein de cas où la science-fiction est finalement devenue réalité. Sauras-tu trouver lesquels de ces concepts imaginés sont finalement devenus vrais ? Les réponses sont à la page 30.

LA CAPE D'INVISIBILITÉ

B Harry Potter est capable de disparaître en se couvrant de sa cape d'invisibilité.

ALLER SUR LA LUNE

A En 1865, dans son livre *De la Terre à la Lune*, Jules Verne racontait l'histoire d'un voyage sur la Lune.

LES VOITURES AUTONOMES

C

L'écrivain Isaac Asimov avait prédit l'arrivée de voitures qui se conduiraient elles-mêmes.

LE RAYON TRACTEUR

D

Dans Star Wars et Star Trek, on peut déplacer des objets à l'aide d'un « rayon tracteur ».

LA TÉLÉPORTATION

E

Dans Star Trek et d'autres films du genre, les gens sont capables de parcourir de très longues distances en l'espace d'un instant.

L'ÉNERGIE SOLAIRE

F

Dans son livre *Ralph 123C 41+* sorti en 1911, Hugo Gernsback avait inventé le principe d'exploitation de l'énergie solaire.

COMMUNIQUER DES DONNÉES

Lorsqu'ils font des recherches, les scientifiques rassemblent leurs résultats dans un tableau. C'est ce que l'on appelle les « données ». Telles quelles, les données sont faciles à comprendre et à interpréter pour un scientifique. Mais en les exprimant autrement, on pourrait rendre les résultats de recherches accessibles à plus de monde. Ce qui est drôle, c'est de choisir les données dont on va parler, et d'en faire une histoire sympathique.

Animal	Taille moyenne	Alimentation	Habitat	Fait insolite
Éléphant	3 m de haut pour 6 m de long	Herbes, plantes, brindilles, racines	Prairies d'Afrique ou d'Asie	Les éléphants sont les seuls mammifères incapables de sauter
Souris	15 cm	Fruits, graines, céréales	Bâtiments, forêts, prairies	Les souris ont une mauvaise vue, mais un odorat hors pair
Koala	70 cm	Feuilles d'eucalyptus	Forêts d'eucalyptus en Australie	Les koalas passent jusqu'à 22 heures par jour à dormir
Fourmilier	2 m	Fourmis	Prairies d'Amérique Centrale ou du Sud.	La langue du fourmilier peut mesurer jusqu'à 60 cm de long.
Baleine bleue	25 m	Plancton	Profondeurs marines (océan Arctique ou Antarctique)	La baleine est le plus grand animal connu qui ait jamais vécu sur Terre

Le plus gros animal connu est la .... qui se nourrit d'animaux minuscules : ....

La digestion des feuilles d'eucalyptus demande beaucoup d'efforts au .... qui a donc besoin de dormir jusqu'à .... par jour.

En Amérique du Sud, le .... se sert de sa langue longue de .... pour manger des .... !

Choisis l'animal que tu préfères ou que tu trouves le plus intéressant et rédige une ou deux phrases sur lui.

....

....

....

....

LES PROBLÈMES DE LOGIQUE

Les données sont plus faciles à comprendre quand il s'agit d'informations cochées dans un tableau plutôt que de longues explications. En les lisant attentivement, tu peux transformer ces explications en données et ainsi découvrir les informations manquantes.

Une manière simple de procéder consiste à utiliser une grille logique. Pour trouver la solution à une énigme, il faut déduire les informations des explications qu'on te donne, puis remplir la grille logique.

Ce serveur a pris les commandes de trois clients, mais elles sont maintenant toutes mélangées. Lis les phrases suivantes et sers-toi de la grille logique afin de retrouver la commande et la tenue vestimentaire de chaque client pour aider le serveur à leur apporter ce qu'ils veulent.

1 – Flora n'a pas commandé de spaghettis.

2 – C'est un garçon qui portait le t-shirt gris.

3 – Le hamburger a été commandé avec un milkshake.

4 – Le garçon au t-shirt rouge a commandé un jus d'orange et des spaghettis.

5 – Il y avait un « a » dans le nom de la personne qui a commandé de l'eau.

6 – La personne au t-shirt pailleté a commandé un hamburger.

Colorie les t-shirts en t'aidant des descriptions.

Indice !
Lis bien les phrases. Quand tu trouves une information, coche la case correspondante dans la grille. Les phrases ne t'aideront pas forcément dès la première lecture. Pour comprendre certaines d'entre elles, tu auras d'abord besoin de trouver une information dans une autre phrase.

Indique un V si tu es sûr que l'information correspond bien à cette personne.
Au contraire, si tu es sûr qu'elle ne lui correspond pas, indique une croix.
Les réponses sont à la page 30.

		Client		
		Flora	Henri	Jacques
Nourriture	Hamburger			
	Spaghettis			
	Pizza			
Boissons	Milkshake			
	Jus d'orange			
	Eau			
Vêtements	T-shirt rouge			
	Haut à paillettes			
	T-shirt gris			

LES MESSAGES CODÉS

Les ordinateurs transforment les messages en données numériques. Les données numériques sont un type de code, tout comme l'alphabet est une sorte de « code » qui nous sert à écrire. L'alphabet comporte 26 lettres, tandis que les données digitales sont uniquement représentées par des « **0** » et des « **1** », un peu comme un bouton « on/off » dont le 1 symbolise la marche et le 0 symbolise l'arrêt. C'est ce qu'on appelle le langage binaire.

Lorsque tu appuies sur la touche « a » de ton clavier, tu vois la lettre apparaître sur l'écran. Mais ton ordinateur interprète la lettre « a » en langage binaire comme cela : « **01100001** ». Même les espaces entre les mots sont retranscrits en code.

Voici à quoi peut ressembler un message entièrement retranscrit en langage binaire.

01000011 01100101 01100011 01101001
00100000 01100101 01110011 01110100
00100000 01110101 01101110 00100000
01101101 01100101 01110011 01110011
01100001 01100111 01100101 00100000
01100101 01101110 00100000 01101100
01100001 01101110 01100111 01100001
01100111 01100101 00100000 01100010
01101001 01101110 01100001 01101001
01110010 01100101

Le morse est un autre type de code qui fonctionne sur le même principe. Chaque lettre de l'alphabet est exprimée par une suite de points (bouton « off ») et de tirets (bouton « on »).

A	B	C	D	E	F
•–	–•••	–•–•	–••	•	••–•
G	**H**	**I**	**J**	**K**	**L**
––•	••••	••	•–––	–•–	•–••
M	**N**	**O**	**P**	**Q**	**R**
––	–•	–––	•––•	––•–	•–•
S	**T**	**U**	**V**	**W**	**X**
•••	–	••–	•••–	•––	–••–
		Y	**Z**		
		–•––	––••		

Utilise cette clé de code morse pour décoder le message. Les réponses sont à la page 31.

•••	•–	•–••	••–	–	/
					/
•–	/	–	–––	••–	•••
	/				

PAS À PAS

C'est génial d'avoir plein d'idées, mais, pour réussir à les communiquer, il faut d'abord les organiser. Sinon, ton interlocuteur risque de se sentir perdu !

Tu as besoin d'une bouteille en plastique vide, de vinaigre, de bicarbonate de soude, d'une feuille d'essuie-tout et d'un bouchon de liège.

Lâche le petit paquet de bicarbonate dans ta bouteille puis ferme-la rapidement avec le bouchon de liège.

Recule-toi, et attention au décollage !

UNE IDÉE CLAIRE

Le moyen le plus efficace de communiquer une idée, c'est de l'exprimer le plus simplement possible et sans te répéter. Répéter une information, ou lui ajouter des éléments superflus, la rend difficile à comprendre.

Quand tu écris, il est très facile d'ajouter trop de détails sans le vouloir. Mais en te relisant, tu peux remarquer des répétitions que tu pourrais enlever sans problème.

Observe bien ces deux conversations.
Laquelle est la plus agréable à entendre ?

Dans cette soupe de phrases, il y a quatre paires. Dans chaque paire, les phrases ne sont pas identiques, mais elles expriment plus ou moins la même idée. Retrouve les paires et relie-les. Laquelle des deux phrases est la plus agréable à entendre ?

Les réponses sont à la page 31.

Les paresseux peuvent passer 20 heures par jour à dormir.

Je passe six heures à l'école et nous avons un cours par heure avec une heure pour manger.

Nous avons cinq heures de cours par jour à l'école.

Big Ben sonne toutes les heures.

Les paresseux ne sont éveillés que quatre heures par jour environ.

J'aime les chats gris avec des rayures et des tâches.

Toutes les 60 minutes, l'horloge de Big Ben sonne.

Les chats tigrés sont mes préférés.

LES OUTILS DE COMMUNICATION

Depuis des milliers d'années, les hommes utilisent des outils pour communiquer entre eux lorsqu'ils sont trop loin pour se parler, même en criant. Le long de la Grande Muraille de Chine, les guerriers utilisaient des signaux de fumée pour communiquer entre eux. À travers tout le continent africain, on utilisait des rythmes de percussions pour communiquer. Les technologies de communication se développent très vite, ce qui rend les échanges toujours plus faciles, rapides et moins chers.

A Dire à un ami que tu peux aller à sa fête

B Souhaiter un joyeux anniversaire à un ami

C Prendre des nouvelles de tes grands-parents qui habitent loin

D Inviter des amis à ta fête

E Prendre un rendez-vous chez le médecin

F Montrer à plein d'amis et même des inconnus ce que tu as fait de tes vacances

De nos jours, il existe plein de manières de rester en contact avec des personnes qui habitent loin. Relie chacune de ces situations avec le moyen de communication qui convient le mieux. Tu trouveras les réponses à la page 32.

Téléphone

Un téléphone « fixe » est un téléphone qu'on ne peut pas déplacer loin de l'endroit où il est branché. En revanche, cet outil fonctionne généralement très bien.

Courrier

Tu peux écrire une lettre à la main, ou bien la taper à l'ordinateur, puis la mettre dans une enveloppe, acheter un timbre et l'envoyer par la poste. Depuis le bureau de poste, elle sera envoyée dans un centre de tri avant d'être déposée chez son destinataire.

E-mail

Un e-mail peut avoir la longueur que tu veux et être envoyé à une ou plusieurs personnes. Souvent, ils sont assez formels, mais tu peux aussi t'en servir pour discuter de manière moins officielle. La plupart des gens ont une adresse e-mail.

Appel vidéo

Grâce à Internet et un téléphone ou un ordinateur, tu peux passer des appels vidéo pour voir la personne avec qui tu discutes.

Blog

Les blogs sont dédiés aux textes plus longs publiés sur un site internet que les gens peuvent consulter. Ils permettent donc de communiquer une même idée à plein de monde en même temps.

SMS

Pour envoyer un SMS à quelqu'un, tu as besoin de connaître son numéro de téléphone. On peut échanger des SMS très rapidement. En général, ils sont courts, informels et ils peuvent comporter des images ou des émoticônes.

DES INFORMATIONS FIABLES

Tu as sûrement déjà entendu parler d'« intox » : des histoires qui semblent réelles mais qui ont été inventées de toutes pièces. Mais comment savoir si une information est fiable ou non ? Il y a plusieurs questions à se poser.

D'où tiens-tu cette information ?

Sur Internet, n'importe qui peut partager des informations ou des idées, mais tu ne peux pas toujours t'y fier. Lorsque les adresses des sites finissent par « .com » ou « .fr », ils sont généralement plus fiables que les sites en « .net ». En principe, les journaux papier et télévisés sont fiables puisque les articles sont rédigés par des journalistes entraînés à vérifier leurs sources, mais ils ne présentent pas forcément les faits dans leur intégralité.

Y a-t-il des preuves ?

Lorsqu'un article – ou tout autre texte d'ailleurs – relate des faits, ils doivent s'appuyer sur des preuves. Il peut s'agir d'un témoignage, d'une photo ou de citations des personnes concernées. Une seule citation ne suffit pas, car elle ne reflète qu'un point de vue que les autres ne partagent peut-être pas.

Que peux-tu faire d'autre ?

Croise les sources : si d'autres sites disent la même chose, il y a plus de chances que ce soit vrai. Mais attention, si ces autres sites le disent exactement avec les mêmes mots, alors ils ont probablement copié l'information sans même la vérifier ! Demande-toi toujours quel est l'objectif de l'article. Est-ce que son but est simplement de donner une information utile, ou plutôt de te faire changer d'avis ?

Parmi ces articles, auxquels peux-tu te fier ? Lesquels peux-tu croire ? Vérifie les réponses à la page 32.
L'HIVER LE PLUS FROID DE L'HISTOIRE ARRIVE !
UNE GRAND-MÈRE PRÉDIT LA MÉTÉO.
L'Europe et l'Amérique du Nord sont-elles en train de s'éloigner ? Un géologue répond.
À vendre : PEINTURE À CARREAUX !
Le Premier ministre déteste le poisson pané !
Une employée de cantine de son école primaire s'exprime.
LES CHATS DE COMPAGNIE : D'AFFREUX TUEURS !
* Miaou *

LA FIBRE OPTIQUE

Les téléphones et les ordinateurs transforment nos messages en données qui sont transportées par des câbles de fibre optique sous forme d'impulsions lumineuses. La lumière est un moyen efficace de transporter les données, car elle circule à une vitesse de 300 000 km par seconde.

Les câbles de fibre optique sont des fils en verre pas plus épais qu'un cheveu (mais beaucoup plus longs !). Pour faire un câble, on assemble des milliers de ces petits fils que l'on recouvre ensuite de silice et d'une protection en plastique. Ces câbles sont flexibles, ce qui permet d'envoyer les données dans la direction souhaitée.

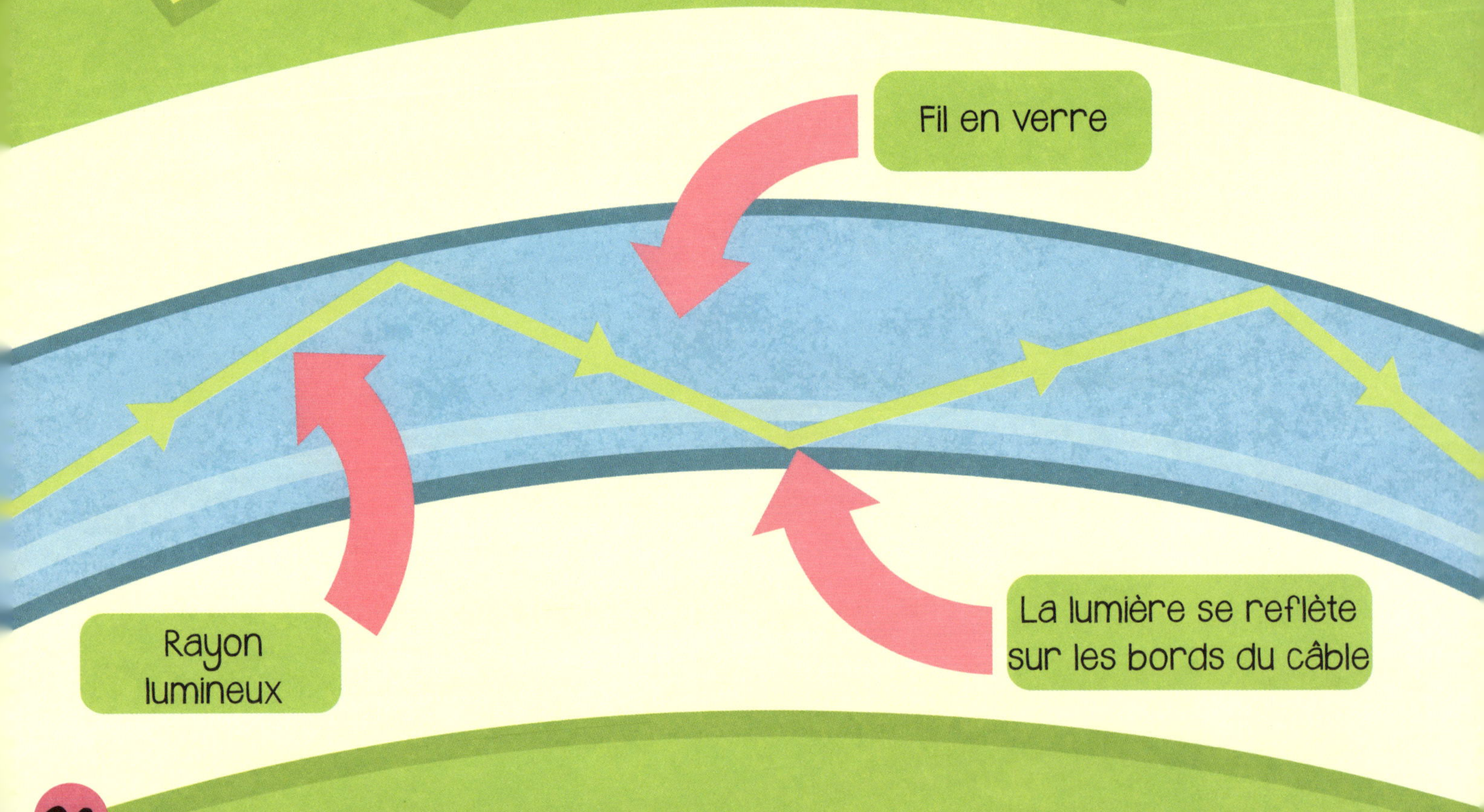

Suis les câbles pour découvrir
qui utilise quel outil.
Les réponses sont à la page 32.

RÉPONSES

Pages 8-9

En passant par la fenêtre, le ballon a fait tomber la tarte dans l'évier rempli d'eau de vaisselle. Impossible de la voir, elle était cachée par la mousse !

Pages 12-13

A- Aller sur la lune : VRAI
(Les États-Unis étaient les premiers en 1969).

B- La cape d'invisibilité : FAUX
(Ce qui s'en rapproche le plus sont des tours de magie qui ne fonctionnent que sur de petits objets).

C- Les voitures autonomes : VRAI
(Même si elles ne sont encore qu'à l'essai).

D- Le rayon tracteur : VRAI
(Toutefois cela ne fonctionne qu'avec des objets de la taille d'un petit pois que l'on ne peut pas déplacer sur plus de 40 cm).

E- La téléportation : FAUX
(Ce serait génial, mais ça paraît encore impossible à réaliser).

F- L'énergie solaire : VRAI
(Les premières calculatrices à énergie solaire datent de 1978, soit 67 ans après l'idée d'Hugo Gernsback. De nos jours, tout le monde peut avoir un panneau solaire sur son toit).

Pages 14-15

Le plus gros animal connu est la **baleine bleue** qui se nourrit d'animaux minuscules : **le plancton**.

La digestion des feuilles d'eucalyptus demande beaucoup d'efforts au **koala** qui a donc besoin de dormir jusqu'à **22 heures** par jour.

En Amérique du Sud, **le fourmilier** se sert de sa langue longue de **60 cm** pour manger des **fourmis** !

Pages 16-17

Customer		Flora	Henri	Jacques
Nourriture	hamburger	✓	✗	✗
	spaghettis	✗	✓	✗
	pizza	✗	✗	✓
Boissons	milkshake	✓	✗	✗
	jus d'orange	✗	✓	✗
	eau	✗	✗	✓
Vêtements	t-shirt rouge	✗	✗	✓
	haut à paillettes	✓	✗	✗
	t-shirt gris	✗	✓	✗

Flora : hamburger, milkshake, haut à paillettes

Henri : spaghettis, jus d'orange, t-shirt gris

Jacques : pizza, eau, t-shirt rouge

Pages 18-19

•••	•–	•–••	••–	–	/
S	A	L	U	T	/
•–	/	–	–––	••–	•••
A	/	T	O	U	S

Pages 20-21

5 RECULE-TOI, ET ATTENTION AU DÉCOLLAGE !

Pages 24-25

page 27

L'HIVER LE PLUS FROID DE L'HISTOIRE ARRIVE !
UNE GRAND-MÈRE PRÉDIT LA MÉTÉO.

On ne peut pas croire une information qui s'appuie sur un seul témoignage. D'ailleurs, celui-ci ne vient même pas d'un expert.

À VENDRE : PEINTURE À CARREAUX !

Ce n'est pas fiable. Est-ce qu'on peut vraiment faire de la peinture à carreaux ? En plus, il s'agit clairement d'une publicité.

LES CHATS DE COMPAGNIE : D'AFFREUX TUEURS !

L'adjectif « affreux » donne un jugement. Il s'agit sûrement de l'avis d'une personne, on ne peut donc pas vraiment s'y fier.

L'EUROPE ET L'AMÉRIQUE DU NORD SONT-ELLES EN TRAIN DE S'ÉLOIGNER ? UN GÉOLOGUE RÉPOND.

Un géologue est un expert. Il y a donc des chances pour que ces informations soient fiables.

LE PREMIER MINISTRE DÉTESTE LE POISSON PANÉ !
UNE EMPLOYÉE DE CANTINE DE SON ÉCOLE PRIMAIRE S'EXPRIME.

On ne peut pas s'y fier. L'employée de cantine dit probablement la vérité, mais ces informations datent d'il y a longtemps et ne sont peut-être plus d'actualité.

Page 29